YOROKUBU

ESTAR FELIZ

JACK LAWSON

YOROKOBU
ESTAR FELIZ

CÓMO RECUPERAR LA FELICIDAD SUPERANDO TODO AQUELLO QUE TE HACE INFELIZ

Colección Psicología
YOROKOBU
ESTAR FELIZ
Jack Lawson

1.ª edición: octubre de 2018

Maquetación, corrección y diseño de cubierta:
TsEdi, Teleservicios Editoriales, S. L.

Edita: Ediciones Obelisco, S. L.
Collita, 23-25. Pol. Ind. Molí de la Bastida
08191 Rubí - Barcelona - España
Tel. 93 309 85 25 - Fax 93 309 85 23
E-mail: info@edicionesobelisco.com

ISBN: 978-84-9111-395-9
Depósito Legal: B-21.481-2018

Printed in Spain

Impreso en SAGRAFIC
Passatge Carsí, 6 - 08025 Barcelona

YOROKOBU
ESTAR FELIZ

PODEMOS VER LAS COSAS
A LA LUZ DEL ALMA O A LA LUZ DEL EGO.
A LA LUZ DEL ALMA, LAS COSAS
ADQUIEREN PLENITUD; A LA LUZ DEL EGO,
SE VUELVEN VACÍAS.

Estar feliz, en japonés *Yorokobu*, es algo inherente al ser humano. Sin embargo, es mucha la gente que no se siente feliz y que busca estarlo. Podemos ser felices y podemos no serlo; lo importante es saber elegir. La publicidad nos vende montones de cosas para estar feliz, pero no necesitamos ni razones ni excusas para estar felices, para ser felices. No se trata de tener algo que no teníamos, pues si bien los objetos externos nos pueden proporcionar placer momentáneo, no producen verdadera alegría. La alegría es algo esencial, algo profundo que no tiene ni causa ni objetivo. No tiene nada que ver con la satisfacción pasajera de unos deseos que muchas veces no vienen de nuestras almas, sino que nos han llegado del mundo exterior. En cambio, cuando cumplimos los deseos profundos del alma, nos invade una sensación profunda de felicidad.

No hay nada que añadir a lo que ya somos, sino más bien detectar, comprender y apartar todo aquello que nos hace infelices. Sin embargo, para ser felices nuestras necesidades básicas han de estar cubiertas y nosotros hemos de ser capaces de fluir con la vida, de confiar en ella. El dolor, el sufrimiento, la negatividad son varias de las cosas que se oponen a nuestra felicidad. En este librito nos centraremos en estos obstáculos, que son como esos nubarrones que a veces nos impiden contemplar y

NO NECESITAMOS NI RAZONES
NI EXCUSAS PARA ESTAR FELICES,
PARA SER FELICES.

disfrutar del sol. Veremos varias de las cosas que nos impiden ser felices, estar contentos, pero también sugeriremos actitudes que nos ayudarán a serlo.

Muchas personas creen que la felicidad es algo que se alcanza, y para conseguirlo leen libros o participan en talleres. Ciertamente, todo ayuda, pero la felicidad no es una meta a la cual hay que llegar, sino un punto de salida que hemos de recuperar. El hecho de apuntarse a un cursillo o de adquirir un libro sobre felicidad es ya un primer paso, pero como dice el proverbio zen, «lo importante no es el dedo, sino la luna».

Si hay un ejemplo de a qué se parece la felicidad es esa sensación que todos conocemos de volver a casa. No hemos de *esforzarnos* en ser felices, hemos de *volver* a ser felices. Muchísimas veces para ser felices no necesitamos información, sino formación. No necesitamos «añadir», sino despejar. No necesitamos palabras, necesitamos aquello que significan algunas palabras. La palabra «amor» es muy bonita, pero uno no atrae amor a su vida repitiéndola como si fuera un mantra. Lo mismo ocurre con «felicidad», «dinero» o cualquier cosa que deseemos alcanzar. Ninguna información logrará suplir algo que en el fondo ya conocemos, aunque parezca que lo hayamos olvidado. Lo máximo a lo que pueden aspirar es a ayudarnos a recordarlo.

Una de las mejores maneras de sentirnos bien interiormente es hacer algo de modo altruista por los demás: visitar los hospitales, ayudar a los moribundos, enseñar a leer y escribir a los analfabetos, en fin, cualquier forma de lo que se conoce como voluntariado. Actúa como un «reset» y hace que nuestra alma tome consciencia de lo bien que estamos. Decía un sabio que el olvido de uno mismo permite el recuerdo de Dios. Sin duda así es, pero también es cierto que es en los momentos en los que nos olvidamos de nosotros mismos cuando se pueden producir esos pequeños milagros «Yorokobu» que nos reconcilian con la humanidad y nos llenan de felicidad. Cuando visitamos a un enfermo o ayudamos a un necesitado, es fácil que durante unos instantes se produzca ese momento mágico en el que nos olvidamos de nosotros.

Todos nosotros hemos pasado por etapas en las que no nos hemos sentido felices, incluso por momentos en que parecía que se nos había roto el alma. Estos momentos no necesitan ser descritos exhaustivamente para que los reconozcamos. Tampoco es necesario que nos recreemos de forma morbosa en ellos. Todos sabemos de qué estamos hablando. Son momentos particularmente dolorosos, terriblemente dolorosos, porque las heridas del alma duelen tanto o más que las del cuerpo. Regodearse en el sufrimiento es la mejor manera de actualizarlo, de programarnos para volver a sufrir. Lamentarnos de lo mal que estamos ayuda a fijarlo. No se trata, por otra parte, de pretender olvidarlo: muchas veces el sufrimiento viene acompañado de enseñanzas profundas. En otras, sencillamente, no podemos. Como decía Anatole France «si exageràsemos nuestras alegrías como hacemos con nuestras penas, nuestros problemas perderían importancia». Con esta reflexión nos está brindando un gran secreto: hagamos hincapié en lo bueno que nos ocurre, celebrémoslo, y se multiplicará eclipsando a los problemas.

La mayoría de los problemas que nos aquejan (dolor, enfermedad, pobreza, fracaso, etc.) no son muchas veces sino síntomas externos de que algo interno no funciona de modo adecuado. En realidad, nuestro único problema somos nosotros mismos, sólo que ello nos desagrada profundamente y preferimos proyectarnos sobre los demás, sobre las circunstancias, sobre la suerte. Y si somos un problema, también somos una solución. Todos nosotros nos equivocamos o fracasamos alguna vez, pero a partir de los fracasos, si los aprovechamos de un modo positivo, aprendemos y crecemos.

Cualquiera que sea tu problema, puedes estar seguro de que tiene solución. No tienes por qué preocuparte. Olvídate del «pre», apártalo, y céntrate en el «ocuparte»: ocúpate del problema. Muy a menudo, lo que realmente nos preocupa no es un problema en concreto, sino este mismo problema dentro de un contexto. Hemos de aprender a aislar los problemas de su contexto: así perderán poder. También hemos de aprender a afrontar los problemas de uno en uno. Cuando nos hallamos ante varios a la vez, nos atascamos con facilidad y no solucionamos ninguno. Los chinos dicen que un camino de mil pasos comienza por un solo paso. Si este paso se realiza convenientemente, ¡sólo quedan 999! Con los problemas ocurre lo mismo: hay que ir pasito a pasito después de haber establecido cuáles son las prioridades que hay que seguir. La sabiduría de oriente ha comparado los problemas con una cebolla. Ésta está compuesta por varias capas y hemos de ir pelándolas una por una si queremos llegar al centro. Todos sabemos lo que ocurre cuando pelamos una

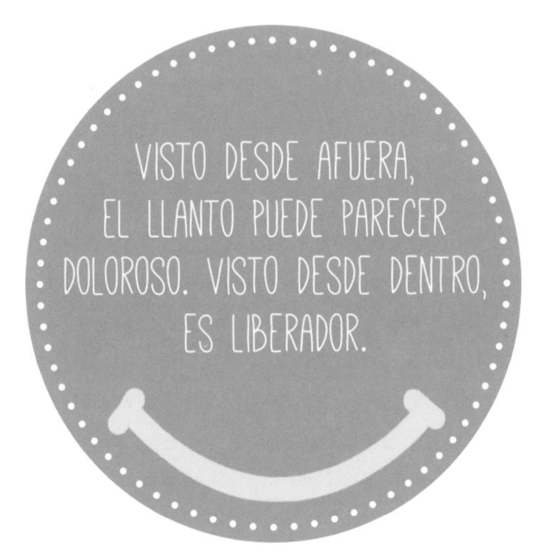

cebolla: lloramos. La palabra «cebolla» procede del latín *cipus*, que era una pilastra erigida en la memoria de un difunto. Cuando pelamos una cebolla y lloramos, es como si estuviéramos llorando a un antepasado muerto. Visto desde afuera, el llanto puede parecer doloroso. Visto desde dentro, es liberador.

Cuando nos duele el alma, nos sentimos a menudo como un huérfano abandonado, como un bebé impotente, como alguien que, a lo mejor, ha triunfado en la vida, ha conseguido todo lo que se ha propuesto, pero que ahora no sabe qué hacer, pues lo que le ha ocurrido no estaba previsto en sus planes. Y es que las heridas del alma son punzantes, intensas, profundas y, sobre todo, muy personales. Aquí tenemos de nuevo una gran enseñanza: no debemos tomarnos los reveses de la vida muy a pecho, como algo personal. La neurociencia ha descubierto que cuando nos ocurre algo que interpretamos como igual o mejor de lo que esperábamos, no ocurre nada, pero cuando lo que nos ocurre supera, para mal, nuestras expectativas, nos sentimos infelices. Nuestra alma se siente herida. Igual que ocurre con las heridas del cuerpo, las del alma no se curan desde afuera y en unos pocos minutos. El alma es de procesos lentos y profundos. El dolor rara vez es superficial. El médico interior que todos llevamos dentro es el encargado de solucionar tanto nuestros problemas físicos como nuestros problemas anímicos y, como todo en la naturaleza, requiere su tiempo. Desde afuera, sólo podemos limpiar un poco, desinfectar y poner tiritas. A veces, todo esto sirve de muy poca cosa, pero en otras ocasiones es algo realmente milagroso: las tiritas son como el talismán que pone en funcionamiento esa magia maravillosa que será quien realmente nos sanará. Como nos enseña el famoso proverbio oriental, «un camino de mil pasos comienza por un paso». El poder de este paso es inmenso, pues es el detonante mágico de los otros novecientos noventa y nueve. Otra cuestión importante es aprender a detenernos y reflexionar. Probemos a solucionar un problema, por ejemplo de matemáticas, en un lugar lleno de ruido. Complicado. Intentémoslo en un lugar tranquilo y silencioso: ¿verdad que es más fácil? Podemos deducir que es en la quietud de la tranquilidad donde mejor solucionaremos nuestros problemas.

El vaso puede estar medio vacío o medio lleno, y se trata siempre del mismo vaso. Podemos ver las cosas a la luz del alma o a la luz del ego. A la luz del alma las cosas adquieren plenitud; a la luz del ego se vuelven vacías. Son dos luces muy distintas que tiñen de distinta forma los objetos a los que iluminan. La diferencia entre la luz del alma y la del ego es comparable a la que hay entre la luz de una vela y la luz eléctrica. La primera infunde paz y serenidad, la otra intranquilidad. La primera recoge, la otra dispersa.

Vendar las heridas puede suponernos un alivio temporal, pero a menudo nos impide enfrentarnos al problema básico. Nadie es inmune al sufrimiento. A veces el sufrimiento alimenta nuestro ego, entonces es un sufrimiento absolutamente inútil porque no nos sirve para crecer. Podemos elegir dejar de sufrir, pero eso no es suficiente. Hay que hacer algo más. Hemos de aprender a dar sentido a todo, entre otras cosas porque todo tiene un sentido. El alma lo sabe y lo reclama.

Hay quien opina que antes de nacer elegimos lo que queremos ser en la vida así como las cosas que nos ocurrirán. Nuestros padres, nuestra pareja, nuestro estatus social, etc. Es algo que resulta difícil de creer. ¿Quién escogería nacer en el seno de una familia donde los padres son alcohólicos, violentos o, sencillamente, malos padres? ¿Quién preferiría ser pobre o tonto a ser rico e inteligente? Ciertamente, como dice el título de un libro, «el alma conoce el destino», pero probablemente no sea un conocimiento milimétrico, y cuando decide, no se trata de una decisión que se toma de golpe antes de nacer, sino que el alma va decidiendo sobre la marcha. La buena noticia: a medida que vamos viviendo, podemos ir adquiriendo sabiduría y experiencia que harán que

NINGUNA INFORMACIÓN QUE NOS LLEGUE DEL EXTERIOR LOGRARÁ REMPLAZAR ALGO QUE EN EL FONDO SIEMPRE HEMOS CONOCIDO PERO PARECEMOS HABER OLVIDADO.

nuestra alma vaya «afinando» en sus decisiones. Lo que atraigamos, y eso será lo que nos ocurrirá en la vida, estará relacionado con nuestros pensamientos y con nuestras emociones. De ahí la importancia de lo que pensamos y sentimos, de la calidad de nuestros pensamientos y de nuestros sentimientos. Nuestra felicidad depende de ellos. Son las dos varitas mágicas que nos han obsequiado al nacer.

Todos disponemos, en un lugar recóndito de nuestro corazón, de esa magia maravillosa; pero muchos la hemos olvidado o a lo largo de nuestras ajetreadas vidas no nos hemos ocupado demasiado de ella. Ya vimos que ninguna información que nos llegue del exterior logrará remplazar algo que en el fondo siempre hemos conocido pero parecemos haber olvidado. Lo máximo a lo que pueden aspirar es a ayudarnos a recordarlo. El propósito de estas páginas es rememorarnos esa magia perdida, avivar ese recuerdo al que se refiere el *Libro de los Libros* con una única palabra, una palabra poderosísima, cuando dice: «¡Acuérdate!» (*Eclesiastés* XII-1).

RECORDANDO AL ELEFANTE

NO SON LOS ACONTECIMIENTOS
LOS QUE NOS HACEN INFELICES,
SINO CÓMO REACCIONAMOS A ELLOS,
CÓMO LOS COMPRENDEMOS,
CÓMO LOS INTEGRAMOS A NUESTRAS ALMAS.

Los sabios cabalistas, que se han ocupado del alma más que nadie en este mundo (para ellos, la *Torah*, objeto de sus estudios, es en el fondo el alma, un espejo del alma), nos enseñan que ese recuerdo (*tzajar*) es lo que nos queda de Adán primordial en cada uno de nosotros. En los bestiarios medievales podemos leer que Adán representa a la memoria profunda y que lo simboliza un animal muy especial: el elefante. Dicen que es precisamente su extraordinaria memoria lo que ha permitido que los elefantes sobrevivan como especie. Es probable que su cerebro sea el mayor de todo el reino animal, aunque la proporción cuerpo/cerebro mayor es la de la simpática ardilla: más o menos el doble que los humanos. Todo lo relativo a la memoria de los elefantes queda reflejado en la expresión «memoria de elefante». Por eso mismo, como homenaje a la Memoria, quisiera comenzar este pequeño libro recordando al elefante. Ese elefante que no sólo es el símbolo de la memoria a la que nos referíamos, sino también del alma en su totalidad. Pero desde nuestro estado de ceguera, únicamente apreciamos *aspectos* del alma, no su totalidad.

La historia del elefante la explica el vedantino Shankara, la vuelven a contar los sabios sufíes y reaparece incluso en León Tolstoy. No es, pues, una historia muy original, pero es una historia bonita que ilustra muy bien la situación humana, la situación del alma humana. Por esta razón, más que la historia en sí y sus múltiples variantes, lo que realmente nos interesa es la situación. Veamos, gracias al elefante, cuál es ésta. Imaginemos a un montón de ciegos rodeando a un elefante. La escena puede parecer cómica, pero en realidad es tragicómica ya que estos ciegos se han puesto a opinar, a filosofar y a pontificar sobre la naturaleza del elefante a partir de su percepción de éste. Para uno, que ha rodeado con sus brazos una de las patas, el elefante es «como una columna»; para otro, que se ha limitado a agarrarlo por la cola, es «como un pincel». Aquel que lo ha tomado por la oreja disiente de sus compañeros: es «como una cortina o una sábana», y finalmente para aquel que se ha agarrado a la trompa, *todo el elefante* es «como una manguera».

Pero todos sabemos que el elefante es algo más: somos capaces de ver sus patas, estirar su cola y sus orejas, acariciar su enorme vientre y jugar con su simpática trompa. Sin embargo, a pesar de no ser invidentes, quizá nos hallemos como los ciegos del cuento y no estemos viendo muchos otros aspectos del elefante...

Supongamos, como nos enseña la tradición, que el elefante es la memoria. Todos somos capaces de conectar con algún aspecto de esta memoria, pero raramente lo hacemos con la totalidad. No conectar con la totalidad, con la integralidad del alma, provoca sufrimiento. Y el sufrimiento nos hace infelices. ¿Por qué? El hecho de ser consciente únicamente de algunos aspectos de nuestra alma es lo que la hace vulnerable a las heridas; hace que no comprendamos, que no nos comprendamos. A medida que aumenta nuestra consciencia, aumenta también nuestra sensibilidad y disminuye nuestra vulnerabilidad. A mayor consciencia, más sensibilidad y menos exposición al dolor. Comprender la vida nos trae felicidad y a veces la felicidad provoca el llanto.

Un sabio dijo que la desgracia sirve para disipar la ilusión, pero a menudo nuestro apego a la ilusión es tan grande que la desgracia sólo sirve para hacernos sufrir. Se trata de la desgracia que no comprendemos, de la que no aumenta nuestra consciencia, del sufrimiento inútil. Pero no son los acontecimientos los que nos hacen infelices, sino cómo reaccionamos a ellos, cómo los comprendemos, cómo los integramos a nuestras almas. Con los acontecimientos ocurre un poco como con el elefante del cuento. No están tan separados los unos de los otros como solemos creer. Si aprendemos a descubrir sus conexiones, sus mensajes y sus lecciones, se convertirán en una fuente de felicidad.

BENDICIÓN Y MALDICIÓN

LAS DESGRACIAS NO SON TALES
CUANDO LAS ENCAJAMOS, LAS ENTENDEMOS
Y SOMOS CAPACES DE REACCIONAR
CON EL ALMA.

No existe una vida sin problemas ni disgustos, esto es algo que está fuera de toda discusión, y muchas veces éstos no dependen directamente de nosotros. Nos encontramos con ellos como nos encontramos con días soleados y con días nublados. No podemos hacer nada para cambiarlo excepto, quizá, cambiar de escenario. Lo importante es cómo reaccionemos ante los problemas, cómo los encaremos, qué hagamos con ellos sea cual sea su gravedad.

Todo lo que nos ocurre en esta vida puede considerarse de una de estas dos maneras: como una bendición o como una maldición. Las apariencias, a menudo traicioneramente engañosas, hacen que a veces veamos como una bendición lo que en realidad sería una maldición, y viceversa. No hace falta que nos extendamos en ejemplos: que nos toque la lotería, que nuestra hija se case con un hombre rico..., puede encubrir muchas desgracias. Por el contrario, lo que pudiera parecer una maldición puede hacernos reaccionar, madurar, crecer. Aprender a ver qué bendiciones contienen las aparentes maldiciones es un arduo ejercicio de paciencia y de confianza. No es un ejercicio intelectual que se pueda hacer con la cabeza, sino más bien un ejercicio de apertura del corazón. Todos sabemos que la cabeza da vueltas y vueltas a los problemas. El corazón se abre a las soluciones. Podemos movernos con la mente y podemos movernos con el corazón, pero podemos hacer algo mucho mejor: unir nuestras mentes con nuestros corazones.

A nosotros nos corresponde encarar nuestras vidas como una sucesión de bendiciones o de maldiciones, porque en el fondo siempre somos nosotros mismos quienes nos bendecimos o maldecimos, pues bendición y maldición no son a fin de cuentas sino nuestra respuesta a lo que nos ocurre. Las desgracias no son tales cuando las encajamos, las entendemos y somos capaces de reaccionar con el alma. Pero, repitámoslo, no se trata de una comprensión intelectual: se trata de entender con todo nuestro ser. Podemos leer en infinidad de libros de autoayuda que somos nosotros quienes decidimos ser felices o ser desgraciados. Es cierto que al menos inconscientemente lo hacemos, pero se trata de una mentira o, al menos, de una semiverdad. Ya hemos visto que lo que no cumple con nuestras expectativas nos hace sentirnos desgraciados, pero raramente se nos ocurre pensar que el problema no está en nuestras expectativas incumplidas, sino en el hecho de tener unas expectativas irreales. La publicidad, el cine o la televisión pueden ser crueles vendiéndonos cosas que no nos corresponden. Cuando no las ob-

MIENTRAS NOS LAMENTAMOS, DEJAMOS ESCAPAR MILLONES DE MARAVILLAS QUE NOS REGALA LA VIDA.

tenemos, nos sentimos desgraciados. Y mientras nos lamentamos, dejamos escapar millones de maravillas que nos regala la vida.

Mente y cuerpo se están comunicando todo el día y toda la noche. Ya estemos despiertos o dormidos, la comunicación, por otra parte esencial para la supervivencia, no cesa. La conexión cuerpo-mente es algo tan estrecho que nuestro subconsciente, muchas veces sin solicitar nuestra aprobación, se ocupa diligentemente de evitarnos aquello que no queremos que ocurra o, por el contrario, de facilitarnos lo que deseamos. Pero a veces nos juega malas pasadas y hace exactamente lo opuesto. Pensar en positivo atrae cosas positivas, pensar en negativo atrae cosas negativas, nunca nos cansaremos de decirlo. Y lo que potencia nuestros pensamientos, lo que les da alas, son nuestras emociones. Amar es el imán del amor que hará que atraigamos lo que amamos. Si nos abrimos a la suerte, atraeremos la suerte; si nos complacemos en la desgracia, atraeremos la desgracia.

LA HISTORIA DE KISHA GOTAMI

SI NOS ABRIMOS A LA SUERTE,
ATRAEREMOS LA SUERTE;
SI NOS COMPLACEMOS EN LA DESGRACIA,
ATRAEREMOS LA DESGRACIA.

Una conocida historia hindú nos ilustra muy bien el sentido de la desgracia. Es la historia de Kisha Gotami. Esta joven muchacha soñó durante toda su infancia con casarse y tener hijos. Cuando le llegó la edad de desposarse, lo hizo con el más bello, agradable y honesto muchacho de su pueblo. Su boda fue una verdadera fiesta en la que todos celebraban la felicidad de los novios, que eran los seres más felices del planeta. A los nueve meses, los dioses los bendijeron con un hijo. Era un bebé precioso, orgullo de la pareja y de sus abuelos. Pero la felicidad no parece ser, al menos en este mundo, algo muy duradero y al cabo de muy poco tiempo, el marido de Kisha

Gotami falleció en un inesperado accidente. Como las desgracias nunca vienen solas, a los pocos días Kisha Gotami encontró a su hijo muerto en la cuna. No pudo soportar el dolor y se volvió loca: deambulaba por las calles y los caminos abrazando a su hijo muerto y negándose a soltarlo para que recibiese un adecuado funeral y fuera incinerado o enterrado. Los abuelos paternos y maternos intentaron hacerla entrar en razón, aunque no lo consiguieron: la había perdido junto con sus seres queridos. Amigos y vecinos también lo intentaron, pero Kisha Gotami no quería escuchar a nadie y huía con el pequeño cadáver en sus brazos.

Un día, alguien le dijo a Kisha Gotami que en un monte cercano vivía un hombre santo que obraba milagros: podía incluso devolverle la vida a un muerto. Kisha Gotami se fue rápidamente a ver al personaje, que se hallaba en aquel momento impartiendo sus enseñanzas espirituales a un grupo de discípulos. La desesperada madre interrumpió la lección y de rodillas le imploró con tanta fe que le devolviera la vida a su hijo que el sabio prometió ayudarla. Le pidió que regresara a su pueblo y le trajera tres granos de mostaza que le tendrían que regalar en una casa donde nunca hubiera muerto nadie.

Kisha Gotami corrió apretando todavía más a su bebé, segura de que pronto volvería a verlo vivo. Cuando llegó a la primera casa del pueblo, pidió a sus habitantes las semillas de mostaza y se las dieron enseguida. Pero antes de irse, se acordó de las palabras del sabio: una casa donde nunca hubiera

muerto nadie. Para su desgracia, en aquella casa acababa de fallecer el abuelo, que tenía casi cien años. Se dirigió entonces a la casa de al lado, donde también le obsequiaron con las tres semillas de mostaza, pero... hacía un año que el sobrino de los dueños había muerto ahogado en el río. Kisha Gotami fue recorriendo una por una todas las casas del pueblo, encontrándose que en todas ellas había fallecido alguien.

Subió de nuevo a la montaña sin llevar ningún grano de mostaza. En esta ocasión no interrumpió al sabio, que seguía aleccionando a sus discípulos. Sólo intercambiaron una mirada. Con sólo esa mirada, el sabio comprendió que Kisha Gotami se había iluminado. El dolor y la locura la habían llevado a comprender que las desgracias de la vida sólo nos afectan en la medida en que las hacemos nuestras. El drama que la obsesionaba, la muerte de los seres queridos, era algo que ocurría cada día en su pueblo, pero a ella sólo le habían afectado la de su marido y la de su hijo.

EL SENTIDO DEL DOLOR

PARA QUE NO SE CONVIERTA EN ALGO
DESTRUCTIVO, HEMOS DE SER CAPACES
DE DESCUBRIR QUÉ SENTIDO TIENE EL DOLOR,
Y SI NO LO LOGRAMOS, HEMOS DE SER
CAPACES DE DARLE UN SENTIDO.

Lo más doloroso del dolor, sobre todo del psíquico, es que no tenga ningún sentido. Es entonces cuando nos desconcierta y nos deja indefensos. Para que no se convierta en algo destructivo, hemos de ser capaces de descubrir qué sentido tiene el dolor, y si no lo logramos, hemos de ser capaces de darle un sentido.

Con el dolor físico las cosas son, quizá, más sencillas. Cuando de pequeños no acercamos al fuego y nos quemamos, aprendemos que no hemos de acercarnos al fuego porque quema y eso duele. El dolor es una señal de alarma de nuestro cuerpo que nos avisa de que hemos de reaccionar conscientemente a algo, que hemos de actuar. Con el dolor psíquico ocurre algo parecido, pero no solemos ser tan inteligentes como el niño que aparta rápidamente su mano del fuego. Muchas veces inventamos explicaciones para seguir sufriendo, para seguir siendo víctimas.

El dolor, físico o psíquico, tiene un sentido: aumenta nuestra consciencia, y una de las mejores

maneras de manejar el dolor es precisamente ésta: indagar qué sentido tiene. Si en vez de comportarnos como víctimas impotentes y bajar la guardia emprendemos la aventura de descubrir qué sentido tiene para nosotros aquello que nos hace sufrir, veremos las cosas de un modo distinto y éstas acabarán cambiando. Ya no serán necesarias en nuestro aprendizaje. El dolor produce una profundidad emocional que podemos utilizar para experimentar placeres que nos estarían vedados si no hubiéramos sufrido, pero es muy difícil ser lo suficientemente inteligentes y equilibrados como para aprender mientras sufrimos. Ya vimos que la felicidad es algo con lo que nacemos; el sufrimiento es algo añadido. La felicidad carece de sentido precisamente porque está más allá (o más acá) del sentido. El sufrimiento sí lo tiene y descubrirlo puede proporcionarnos felicidad.

Sufrir es, ciertamente, algo muy complejo. Solemos preguntarnos por qué sufrimos cuando sería más práctico preguntarse para qué sufrimos, para descubrir el objetivo, la enseñanza, la lección que nos pueden proporcionar nuestros sufrimientos. La única manera de trascender el sufrimiento es dándole un sentido. Sufrir sin sentido es desmoralizador. Albert Einstein decía que «sin crisis no hay méritos. Es en la crisis donde aflora lo mejor de cada uno». Podemos sustituir la palabra «crisis» por la palabra «sufrimiento».

CICATRIZAR

CICATRIZAR LAS HERIDAS DEL ALMA
ES EL PRIMER PASO
PARA RECUPERAR LA FELICIDAD PERDIDA.

慶ぶ

Las heridas del alma, como las del cuerpo, también cicatrizan. Cicatrizar es un proceso necesario, pero no es siempre un proceso agradable. Cuando nos sentimos tristes, enojados, desalentados, temerosos o con ganas de llorar, es fácil que estemos cicatrizando heridas del corazón. La palabra «cicatriz» procede de una raíz indoeuropea que significa 'zurcir'. Cicatrizar es reparar, coser, remendar, remediar. Cicatrizar las heridas del alma es el primer paso para recuperar la felicidad perdida.

Normalmente, cuando nos sentimos heridos, pasamos por tres fases de recuperación. La primera fase la constituye el golpe. Éste puede ser totalmente inesperado o podemos, de un modo u otro, haberlo previsto. En el primer caso generará sorpresa, mientras que en el segundo ya producirá directamente dolor. A menudo la primera reacción es pensar que estamos soñando, que a nosotros no nos puede pasar eso, que se trata de un espejismo: estamos negando lo que nos está ocurriendo; es una manera de que nos duela menos. Pero la negación es siempre un mal negocio. Aquello que negamos acabaremos por dejar de verlo. Entonces se convertirá en un enemigo invisible.

La primera fase se identifica con una pérdida, ya sea de unas llaves o de una amistad, de una situación, de una pareja o de alguna cantidad de dinero.

El segundo paso es de no aceptación, de enojo. Aquí puede ocurrir que nos enfademos con alguien o incluso que dirijamos ese mismo enojo hacia nosotros mismos, lo cual derivará fácilmente en una depresión. Aquí es cuando nos indignamos, protestamos y nos quejamos de nuestro destino o de la injusticia.

El tercer paso, que es el que nos permite realmente superar la pena y el dolor, es el de aceptar y comprender. De un modo u otro hemos encajado lo que nos ha ocurrido y lo hemos integrado en el resto de nuestra existencia. El hecho de abrirnos y aceptar nos permite comprender. Ya no negamos la realidad y nos damos cuenta de que si bien no podemos cambiar el pasado, de nuestra actitud dependerá el modo en que nos afecte. Ken Keyes decía que «Aceptar emocionalmente las situaciones que te depara la vida trabajándolas pacientemente te permitirá acceder a lo máximo que se puede alcanzar».

AQUELLO QUE NEGAMOS
ACABAREMOS
POR DEJAR DE VERLO.

ABRIRSE AL SUFRIMIENTO PARA RECIBIR FELICIDAD

CUANDO NOS ABRIMOS,
APOSTAMOS POR LA VIDA
Y LE PREPARAMOS
EL CAMINO A SU MAGIA.

Hemos visto que ante el sufrimiento podemos adoptar dos actitudes: abrirse o cerrarse. Cerrarse es lo más natural: por regla general, no se quiere seguir sufriendo. Sufrir duele. Abrirse es un verdadero acto de magia: roza con lo sobrenatural. Pero nos encontramos ante una falsa percepción de las cosas: nos cerramos para no seguir sufriendo y con eso, lo que estamos haciendo es enquistar el sufrimiento. Si nos abriéramos probablemente desembocaríamos en su solución.

Esto es particularmente cierto en el caso de los problemas. Cuando nos cerramos a ellos, los ignoramos o posponemos su solución, los estamos enquistando. Cuando nos abrimos a ellos conscientes de que «problema» también quiere decir oportunidad, al menos en chino, la solución sale de él como el genio de la lámpara.

Cuando nos cerramos a cualquier cosa, nos acercamos a la muerte, aceptamos nuestra derrota final; cuando nos abrimos, apostamos por la vida y le preparamos el camino a su magia. Abrirse no es algo instantáneo ni automático. Requiere entrenamiento, necesita su tiempo. Es el camino que va del vacío a la plenitud, del sufrimiento al gozo. Muchísima gente pasa por tribulaciones innecesarias en sus vidas precisamente porque tienen el corazón cerrado y

EL AGRADECIMIENTO SINCERO ES LA FORMA MÁS PURA DE MAGIA DE QUE DISPONEMOS: CONVIERTE LOS PROBLEMAS EN REGALOS.

no son capaces de abrirlo. Cerremos, si queremos, nuestros corazones al sufrimiento: lo estaremos cerrando al mismo tiempo a la felicidad.

Nos podemos abrir de muchas maneras, pero una de las mejores es dando las gracias. Agradecer es como fijar las cosas buenas que tenemos reconociéndolas, y este reconocimiento actuará igual que un imán de cosas aun mejores. Agradecer es como dar algo de nosotros mismos devolviéndole a la vida algo de lo mucho que nos ha entregado. Es como restituirle lo que ella o los seres vivos nos han dado. El agradecimiento sincero es la forma más pura de magia de que disponemos: convierte los problemas en regalos. Cuando agradecemos algo positivo, lo estamos prolongando. El amigo inseparable del agradecimiento es el perdón. Se trata de otra forma de magia que opera verdaderos milagros. Todos sabemos que a veces perdonar es muy difícil, pero sigamos el sabio consejo del Dalái Lama que dice que si no nos sentimos capaces de perdonar por amor, hagámoslo al menos por egoísmo, pues será para nuestro propio bienestar.

APROVECHAR NUESTRO POTENCIAL

RECIBIMOS EN LA MEDIDA EN QUE DAMOS,
COSECHAMOS EN LA MEDIDA
EN QUE HEMOS SEMBRADO,
BRILLAMOS EN LA MEDIDA
EN QUE DAMOS LUZ.

El gran psicólogo William James escribía que «la mayoría de la gente vive, ya sea física, intelectual o moralmente, en un círculo muy restringido de su potencial. Usa una porción muy pequeña de su potencialidad consciente y de los recursos de su alma en general». James lo compara al hombre que «de todo su cuerpo se ha habituado a utilizar y mover únicamente el dedo meñique» y llega a la conclusión de que «las grandes emergencias y crisis nos muestran cuánto más amplios son nuestros recursos vitales de lo que suponíamos». Como decíamos, los problemas son oportunidades.

De los pensamientos de William James podemos extraer dos lecciones importantes: es muy difícil ser felices y no sucumbir a la desgracia utilizando únicamente nuestro dedo meñique, y lo que identificamos como desgracia, emergencia o crisis a menudo tiene por objeto sacarnos de nuestro letargo.

Si fuéramos capaces de ver las cosas con una cierta perspectiva, nos daríamos cuenta de cuán ridículos somos cuando nos quejamos de lo que nos ocurre y de lo cual activa o pasivamente somos responsables. Es como la escena del payaso que se golpea una y otra vez contra la pared que todos vemos y que él se empeña en no ver. Por pereza, por desidia o por las razones que sea, no estamos dando lo mejor de nosotros mismos. Nos estamos comportando con la vida como el peor de los funcionarios, limitándonos a cumplir un horario ¡y luego nos quejamos de que la vida es ingrata con nosotros!

Es muy difícil escribir una obra maestra sólo con el dedo meñique. Pero es imposible hacerlo utilizando únicamente la parte proporcional de cerebro que correspondería al dedo meñique si el cerebro entero correspondiera a todo el cuerpo. No podemos engañarnos: recibimos en la medida en que damos, cosechamos en la medida en que hemos sembrado, brillamos en la medida en que damos luz. Todo esto lo sabemos, pero ¿alguna vez hemos pensado en que seremos felices en la medida en que hagamos que los demás se sientan felices? Matthieu Ricard, considerado en el año 2012 por la ciencia el hombre más feliz del mundo, opinaba que «la verdadera felicidad

solo puede lograrse cuando evitamos causar dolor a los demás».

El Talmud sostiene algo tan paradójico como que es más feliz la vaca amamantando al becerro que éste bebiendo la leche. Se trata, como ocurre con muchas paradojas, de una enseñanza profunda que invita a la reflexión. Dar, por contradictorio que parezca, es más enriquecedor que recibir. Regalar, si sabemos hacerlo como Dios manda, se puede convertir en un acto mágico.

Volviendo a la idea de James, es muy difícil ser feliz usando únicamente una brizna de nuestra capacidad para ser felices. El potencial que tenemos es como agua: si está estancada, se corrompe. De ahí la importancia de divulgar y de compartir nuestra felicidad y aquello que nos hace felices.

EL POTENCIAL QUE TENEMOS ES COMO AGUA: SI ESTÁ ESTANCADA, SE CORROMPE.

VIVIR EL PRESENTE

EL PRESENTE ES LA SÍNTESIS
DE TODO LO PASADO;
EL RESULTADO NETO DE TODO
LO QUE UN HOMBRE HA PENSADO
Y HECHO ESTÁ EN ÉL.

Una regla primordial para lograr una vida feliz y llena de sentido es saber vivir conscientemente en el presente. Esta palabra significa 'regalo'. Un sabio dijo que «el presente es como una muestra de la eternidad». Vivir en el pasado o en el futuro es perder la oportunidad de conectar con la eternidad, una oportunidad a la que sólo podemos acceder viviendo en el presente. El presente, lo que se nos presenta en la vida, es realmente como un regalo si sabemos abrir el paquete y mirar en su interior. Pasado y futuro son intangibles e imaginarios. No existen, sólo existen el recuerdo, que es parcial y a menudo distorsiona la realidad, o la proyección sobre el futuro de nuestros deseos insatisfechos, nuestros miedos, nuestras necesidades, etc. El futuro se construye con el hoy, con el ahora. Sólo el ahora es real, vivo y tangible, eso sí, si lo vivimos plenamente. Si no vivimos con plenitud el presente, éste será tan intangible como el pasado o el futuro. Porque, en el fondo, si somos realistas, nos daremos cuenta de que el presente es lo único que tenemos. En realidad, todos sabemos vivir en el presente, pero no lo hacemos, y a veces intentarlo puede resultar perjudicial, porque no es algo fluido y natural. James Allen escribía que «el presente es la síntesis de todo lo pasado; el resultado neto de todo lo que un hombre ha pensado y hecho está en él». ¿Alguien se ha sentido realmente infeliz en el aquí y ahora? Si nos fijamos en los días pasados, es fácil que no nos sintamos felices: cometimos equivocaciones, perdimos oportunidades, omitimos cuestiones importantes, los demás nos hirieron... Pero si nos fijamos en el futuro, no resulta mucho mejor: somos incapaces de controlarlo, de preverlo. Quizá nos quedaremos sin dinero, quizá nuestra pareja se irá con otro, quizá nos pongamos enfermos. No podemos actuar sobre el pasado, pero sí podemos, en el presente, replantearnos los retos del pasado o considerar y encarar de un modo distinto lo que hizo en nosotros. Tampoco podemos actuar sobre el futuro si no es sembrando en el presente lo que serán los frutos que cosecharemos después.

Los problemas del pasado y las preocupaciones del futuro deberían ser transmutados en los retos de presente porque en realidad sólo disponemos del presente para resolverlos. No podemos acceder al pasado para solucionar nada. Dejar las cosas sin resolver confiando en hacerlo en el futuro se llama *procrastinación*. Muchas veces «procrastinamos», o sea evitamos resolver cuestiones importantes, ocupán-

TODO LO QUE NOS HACE
SUFRIR O SER FELICES
ES EL RESULTADO DE LO QUE
HEMOS PENSADO Y ESTÁ HECHO
DE NUESTROS PENSAMIENTOS.

donos de otras que no lo son, pero que nos resultan más cómodas. Dicho de otro modo: nos comportamos irresponsablemente. Vivir el presente es la única manera de expandir la consciencia y alcanzar una comprensión más amplia y sanadora de todo lo que nos ocurre o nos ha ocurrido. Es el secreto del éxito en cualquier actividad que nos propongamos, porque es la única posibilidad de profundizar realmente, superando la rutina, la superficialidad y la mediocridad. Por otra parte, vivir en el presente es el mejor antídoto contra el miedo, contra el temor y la preocupación característicos de esas personas que siempre están viviendo proyectadas en el futuro. Yorokobu, estar feliz, sólo es posible dentro del marco del presente. Los budistas nos han enseñado que todo lo que somos, todo lo que nos ocurre, todo lo que nos hace sufrir o ser felices es el resultado de lo que hemos pensado y está hecho de nuestros pensamientos. Los sabios de todas las tradiciones coinciden en que todo aquello que no somos capaces de resolver regresa a nuestras vidas, muchas veces con otro disfraz.

DEMASIADO RUIDO

NO PERCIBIMOS CORRECTAMENTE
LO QUE OCURRE AFUERA
A CAUSA DEL RUIDO INTERIOR,
PERO TAMPOCO SOMOS CONSCIENTES
DE LO QUE OCURRE EN NUESTRO INTERIOR
POR CULPA DEL RUIDO DE AFUERA.

Por lo general, todos nosotros vivimos vidas ajetreadas y llenas de recados, compromisos, obligaciones, urgencias etc. Creemos que muchas de estas cosas nos harán felices, pero no es así. Todo esto no sería ningún problema si no viviéramos también una vida interior dominada por el ruido. Nuestra mente hace demasiado ruido, nuestra alma está sumergida en algarabía. No percibimos correctamente lo que ocurre afuera a causa de este ruido interior, pero tampoco somos conscientes de lo que ocurre en nuestro interior por culpa del ruido de afuera. Un pez que se muerde la cola. La pregunta es ¿por dónde empezar, por la cabeza o por la cola? La respuesta es obvia: si partimos de la idea de que hay una cabeza y una cola, estamos manteniéndonos en la dualidad, y la dualidad (que es una forma de separatividad) es la causa del problema. Hemos de empezar por la cabeza y por la cola. Acallando nuestra mente y buscando al mismo tiempo el silencio y la tranquilidad exteriores. Pronto veremos cómo una cosa ayuda a la otra. Además, el silencio nos permite apreciar mejor las cosas. En el silencio, la felicidad y la sabiduría que están en nuestro interior se irán descubriendo.

EN EL SILENCIO,
LA FELICIDAD Y LA SABIDURÍA
QUE ESTÁN EN NUESTRO INTERIOR
SE IRÁN DESCUBRIENDO.

NO TE PREOCUPES

SI ANTE UNA AMENAZA,
EN VEZ DE REACCIONAR
NOS DEDICAMOS A POTENCIAR LO NEGATIVO,
ÚNICAMENTE PRODUCIREMOS
INSATISFACCIÓN Y MÁS NEGATIVIDAD.

Afirma un dicho que «la preocupación es una forma de ateísmo». Y, ciertamente, desconfiar y preocuparse puede ser a veces una forma de desconectarse de la Vida o de la divinidad, sea cual sea el nombre que le demos; pero hay algo que quizá sea peor: preocuparse puede ser un modo de empeorar las cosas. Ya vimos que no tenemos que concentrarnos en las preocupaciones, que hemos de olvidarnos del «pre» y hemos de centrarnos en el «ocuparnos». Muy a menudo, cuando empezamos a ocuparnos de un problema, éste pierde poder y se deshincha.

El problema de las preocupaciones es que suelen provocar ansiedad y pensamientos negativos que alimentan a pensamientos negativos, creando todavía más ansiedad. Los pensamientos positivos (amor, energía, alegría, felicidad, etc.) producen en la vida resultados positivos, mientras que los pensamientos negativos (odio, cansancio, tristeza, resentimiento, temor, etc.) producen resultados negativos. Cuando pensamos negativamente, estamos produciendo una hormona denominada «cortisol» que puede llegar incluso a destruir neuronas. El cortisol tiene las funciones precisas en momentos de emergencia, pero fuera de ellos puede ser destructivo. Cuando vivíamos en las cavernas, el cortisol tenía una función defensiva, ya que nos ayudaba a evitar las amenazas. Pero actualmente, al menos en muchos lugares del planeta, ya no vivimos amenazados por bestias salvajes o por las inclemencias del tiempo. Se conoce también al cortisol como la «hormona del estrés». Es segregado por el hipocampo, que es aquella parte del cerebro que ayuda a formar nuevos recuerdos. La acumulación de experiencias y pensamientos negativos hace que con el tiempo la persona tenga más dificultades para tener pensamientos positivos. Se han comparado los pensamientos negativos a los hilos que conforman una tela de araña, una tela que nos atrapa, una araña que nos hiere.

Los pensamientos negativos tienen una función comprobada: son protectores. Está demostrado que el cerebro percibe de un modo prioritario lo que interpreta como amenazas, lo que entiende que nos va a causar mal. Reaccionando a tiempo podemos

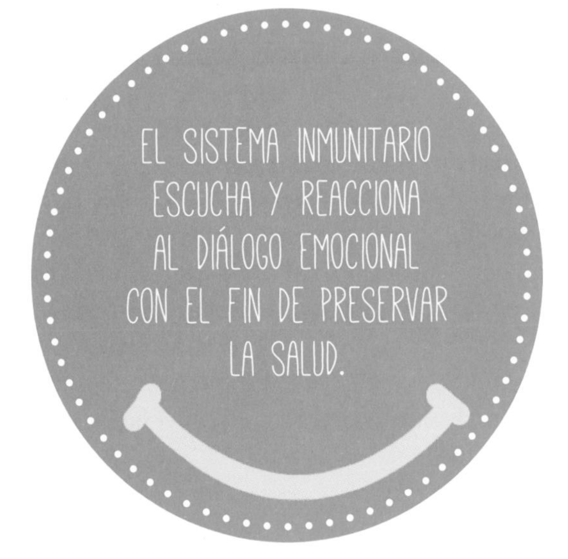

evitarlo. Pero si en vez de reaccionar nos dedicamos a potenciar lo negativo, únicamente produciremos insatisfacción y más negatividad. Todo ello va en contra de la felicidad.

Existen estudios que afirman que el lóbulo izquierdo del cerebro se activa con las emociones y los pensamientos positivos, y que este lóbulo es el que está relacionado con las decisiones. Por ello cuando estamos sometidos a pensamientos negativos, a situaciones negativas, esta área del cerebro no funciona adecuadamente y puede hacer que tomemos decisiones negativas. Pensar en positivo, por el contrario, ayuda a establecer nuevas conexiones cerebrales que llevan a la felicidad. Pensar en positivo nos lleva a tomar buenas decisiones. Está demostrado que el cerebro tiene la capacidad de reprogramarse por sí mismo, lo cual significa que podemos entrenarnos a ser felices. Recientes estudios han demostrado que el sistema inmunitario escucha y reacciona al diálogo emocional con el fin de preservar la salud.

¿POR QUÉ HACEMOS MÁS CASO A LOS PENSAMIENTOS NEGATIVOS QUE A LOS POSITIVOS?

PARA QUE LOS PENSAMIENTOS
Y LAS EXPERIENCIAS POSITIVAS
SE INCRUSTEN EN NUESTRO CEREBRO,
NECESITAN MÁS REPETICIÓN
QUE LAS EXPERIENCIAS
Y LOS PENSAMIENTOS NEGATIVOS.

Resulta sorprendente comprobar que, por regla general, solemos hacer más caso a los impulsos y a los pensamientos negativos que a los positivos. Ya hemos visto que el cerebro los percibe como amenazas, como señales de alarma y, lógicamente, reacciona a ellas. Se ha demostrado que los estímulos negativos producen una mayor actividad neuronal que los positivos, como ha demostrado el neuropsicólogo Rick Hanson. Quizá recibamos con mayor facilidad y con más rapidez las amenazas y los estímulos negativos por un puro mecanismo de autodefensa. Se trata del antiguo instinto de lucha o huida del sistema límbico del cerebro. También se ha demostrado que para que los pensamientos y las experiencias positivas se incrusten en nuestro cerebro, necesitan más repetición que las experiencias y los pensamientos negativos. Bastará que nos quememos una sola vez para que no nos acerquemos más al fuego. Esto se debe a que la amígdala moviliza más neuronas para almacenar en la memoria a largo plazo una experiencia negativa o que considera negativa o amenazadora, y reacciona como en estado de emergencia. De alguna manera entiende que lo positivo ya está allí y no hay que esforzarse en que se quede.

LOS ESTÍMULOS NEGATIVOS PRODUCEN UNA MAYOR ACTIVIDAD NEURONAL QUE LOS POSITIVOS.

SELECCIÓN Y PROYECCIÓN

NUESTRAS PERCEPCIONES
SON SELECCIÓN Y PROYECCIÓN.
NO PODEMOS VERLO TODO, ESCUCHARLO TODO,
TOCARLO TODO A LA VEZ.

Cómo nos sentimos respecto a la vida está en relación directa con dónde ponemos nuestra atención, qué seleccionamos a través de ella, en qué nos proyectamos. Nuestras percepciones son selección y proyección. No podemos verlo todo, escucharlo todo, tocarlo todo a la vez. Forzosamente tenemos que limitarnos y para hacerlo seleccionamos partes del elefante, trocitos de la realidad y nos proyectamos sobre ellos. Si estamos proyectando nuestra positividad, la copa estará medio llena; si estamos proyectando nuestra negatividad, estará medio vacía.

Cuando seleccionamos las cosas positivas (miramos, saboreamos o disfrutamos de las cosas que nos gustan), nos lo estamos pasando mejor que cuando estamos criticando o sufriendo las que no nos gustan. Eso es Yorokobu.

No es ningún secreto que dentro de cada uno de nosotros parecen cohabitar dos individuos: el que observa y el que sufre. El que observa es el artífice de la sanación interior, pues él es el que es capaz de ver las cosas como son y no como quisiéramos o tememos que sean. Muchas veces, «ver» es como desnudar a la realidad de las apariencias que la envuelven. Por regla general, el que sufre está más desarrollado que el observador. El trabajo consiste, pues, en hacer crecer a este último.

DENTRO DE CADA UNO
DE NOSOTROS PARECEN COHABITAR
DOS INDIVIDUOS: EL QUE OBSERVA
Y EL QUE SUFRE.

ÁMATE A TI MISMO

AMARSE A SÍ MISMO
ES EL COMIENZO
DE UN ROMANCE ETERNO.

Si Sócrates decía: «conócete a ti mismo», el Buda dijo: «ámate a ti mismo». Estas dos ideas pueden parecer distintas, incluso opuestas. De alguna manera, una sería como la trompa y otra como la cola del mismo elefante. Pero los sabios nos han enseñado que conocer es amar y que amar es conocer. Conocimiento sin amor es lo que Rabelais llamaba «ciencia sin consciencia», que es «la ruina del alma». Amor sin conocimiento es amor ciego. Decía Oscar Wilde que «amarse a sí mismo es el comienzo de un romance eterno». Y la vida es una historia de amor eterna cuando hemos aprendido a amarnos a nosotros mismos, porque recibimos amor en la medida en que lo damos. Y sólo podemos dar amor en la medida en que nos amamos a nosotros mismos.

Afirman los poetas que el amor es el alimento del alma. Sin este alimento, el alma está triste y débil. Pero amar no es una actitud, un negocio o una formalidad; amar es un estado del alma. Hemos hablado de dar las gracias. Agradecer alimenta el amor. Cuando nos amamos a nosotros mismos, va apareciendo una felicidad que acaba desbordándonos y alcanzando a los que nos rodean. El amor, por uno mismo y por los demás, es algo indispensable para estar feliz.

SÓLO PODEMOS DAR AMOR
EN LA MEDIDA EN QUE NOS
AMAMOS A NOSOTROS MISMOS.

LAS APARIENCIAS ENGAÑAN

EN LA MEDIDA
EN QUE QUEREMOS
SER ENGAÑADOS.

Otra vieja historia, que se encuentra en infinidad de libros y que al parecer también fue explicada por primera vez por el sabio hindú Shankara, y de la cual daremos una versión libre, nos habla de aquel hombre que por la noche, regresaba a su casa cuando vio delante de él una serpiente (o lo que parecía una serpiente). Se quedó petrificado del miedo y no se atrevió a continuar. La historia no nos dice si murió de un infarto, de frío o de aburrimiento, pero lo cierto es que no prosiguió su camino y al día siguiente lo encontraron muerto delante de un palo que tenía forma de serpiente. No faltó quien dijo que se trataba realmente de una serpiente que los dioses habían convertido en madera por haber atacado a un hombre tan devoto, pero nadie consiguió ver la señal de la mordedura del reptil.

¿Qué hubiera ocurrido si hubiera hecho frente a la serpiente? Se habría dado cuenta de que era un simple bastón que el miedo y la oscuridad le hacían ver como una serpiente.

¿Qué hubiera ocurrido si hubiera huido? Que no habría podido regresar aquella noche a casa, pero seguramente habría salvado su vida.

Y finalmente, ¿qué hubiera ocurrido si hubiera esperado pacientemente a que la serpiente se apartara o los primeros destellos del alba le descubrieran qué era en realidad el temido animal? Sin duda habría llegado tarde a su casa, pero habría llegado y habría aprendido una importante lección: las apariencias engañan. Pero hay otra lección aún más importante: las apariencias engañan en la medida en que queremos ser engañados.

LA HUIDA

HUIR DE NUESTROS MIEDOS
ES LA MEJOR FORMA DE FORTALECERLOS
FRENTE A NOSOTROS,
DE DARLES UNA REALIDAD
DE LA CUAL A MENUDO CARECEN.

Huir de lo que tememos es la mejor forma de tenerlo siempre cerca de nosotros. Es harto conocida la historia de aquel hombre al que se le presentó una noche, de improviso, el ángel de la Muerte. Le dijo que pasados siete días volvería a por él para llevárselo. Al pobre mortal le faltó tiempo para huir, dejando con la boca abierta al ángel que sin duda tenía otras cosas importantes que decirle. Y es que la muerte siempre viene con una enseñanza bajo el ala. Nuestro personaje huyó con todas sus fuerzas, utilizando todos los medios de que disponía, y siete días más tarde, estaba en Samarkanda, a mil millas del lugar en el que tuvo su tétrico encuentro, cuando se le apareció de nuevo el ángel de la Muerte. Derrotado, nuestro protagonista no tuvo más remedio que escuchar lo que siete días antes pretendía decirle: «Te hubiera querido avisar de que en siete días iba a ir a por ti a Samarkanda y que si querías seguir viviendo, no te movieras de donde estabas, pero tú huiste de mí sin querer escucharme».

Ésta es a menudo nuestra actitud no sólo con la muerte, sino también con la vida y con la mayoría de acontecimientos cotidianos: el escapismo. Huir de nuestros miedos es la mejor forma de fortalecerlos frente a nosotros, de darles una realidad de la cual a menudo carecen.

No olvides nunca que la mayoría de nosotros nos pasamos la vida huyendo de algo que no nos está persiguiendo.

ACERCARSE A LO SAGRADO

EL SUFRIMIENTO ES COMO UN AGUIJÓN
QUE NOS EMPUJA
EN UNA DIRECCIÓN CONCRETA:
LA DE LO SAGRADO, LA DE LO NUMINOSO.

Lo sagrado cura. Carl Gustav Jung escribió que «la aproximación a lo sagrado era la terapia real que libera del sufrimiento psíquico y que hace que incluso la enfermedad adquiera un carácter numinoso». Sin querer (al menos conscientemente), nos estaba descubriendo cuál es el sentido del sufrimiento: es como un aguijón que nos empuja en una dirección concreta: la de lo sagrado, la de lo numinoso.

Si el final de esta vida es la muerte, si el final del Camino de los Caminos, el de Santiago, es una tumba, quizá allí se halle la solución de todos los enigmas. Aquellas personas que han vivido una experiencia de muerte (Raymond Moody nos relata docenas de ellas en sus libros) opinan que se trata de algo tan maravilloso que mejor que no lo sepamos de antemano, pues mucha gente se mataría para vivir esa experiencia tan increíble. Pero no hace falta sufrir o morir para acercarse a lo sagrado, basta con abrir nuestro corazón.

VIVIR ES DECIR ADIÓS

CADA DÍA QUE VIVIMOS
ESTAMOS MURIENDO UN POCO.

Vivir es decir adiós después de haber dicho hola. A partir de cierto momento, la vida es una despedida constante a todos los niveles. Nacer ya fue decir adiós a un estado paradisíaco para entrar a formar parte del mundo de los vivos. Crecer es abandonar la niñez; madurar, dejar atrás la adolescencia. Cada día abandonamos millones de células muertas, porque cada día que vivimos estamos muriendo un poco.

Un día diremos adiós a todo con nuestra propia muerte. Aquel día nos encontraremos con Dios.

LA MUERTE

ACEPTAR EL HECHO
DE NUESTRA PROPIA MUERTE
NOS PROPORCIONA
LA LIBERTAD PARA VIVIR.

La muerte, la gran desconocida (o al menos casi tan desconocida como la vida) es, al menos aparentemente, el fin de todas nuestras desdichas, de todos nuestros miedos. El miedo a la muerte es, en cierto modo, el padre de todos los miedos; por esta razón, superarlo es como hallar una llave maestra que nos permitirá superar la mayor parte de nuestros miedos.

Aceptar el hecho de nuestra propia muerte nos proporciona la libertad para vivir; prepararnos para ella es una de las mejores cosas que podemos hacer en vida. Afirma el budismo que morir es como desnudarse poco a poco de todo aquello que no somos. Es abandonar lo superfluo para acercarnos a lo esencial. Si no seguimos este camino de abandono y nos aferramos a lo que creemos que somos, a lo que creemos que tenemos, a esas ideas que creemos tan nuestras, nos encontraremos al final con una mochila que nos pesará toneladas. Vivir es aprender a morir bien y para morir bien, hemos de ir muriendo conscientemente minuto a minuto. Hemos de aprender a soltar, de modo que las trabas y los espejismos que no nos permitían ser felices se vayan diluyendo. Entonces veremos, viviremos, que la felicidad no dependía de nada externo. Morir no es pudrirse. Morir es soltar.

En realidad, morir forma parte de la vida como comer, respirar o bañarse. De hecho, existe gente que tiene miedo a comer, que respiran muy superficialmente y que aborrecen el agua; todos estamos de acuerdo en que se trata de gente enferma. Pero la mayoría de nosotros tenemos miedo a la muerte y no nos consideramos enfermos. Deberíamos ser capaces de entender qué es la muerte y de integrarla en nuestras vidas como hacen por ejemplo algunos pueblos orientales; sólo entonces podremos disfrutar de la vida en su integralidad. Conozco varios casos de personas que han muerto clínicamente. Su relato es prácticamente el mismo, y hay algo que las distingue de la mayoría de los humanos: son personas inmensamente felices, que viven el presente, que dan y reciben amor incondicional.

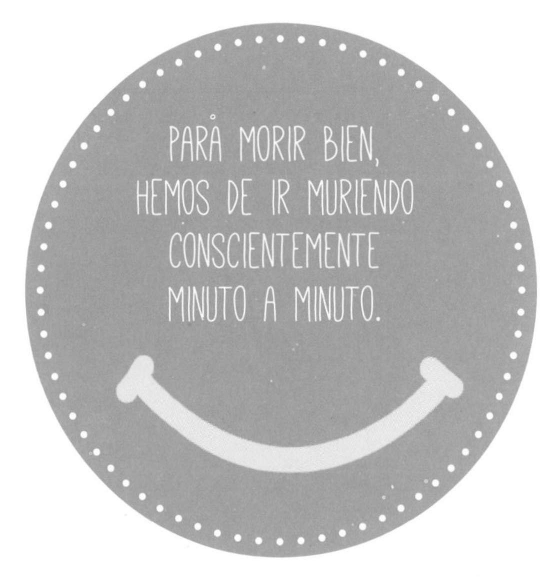

LA MÁS EXCITANTE DE LAS AVENTURAS

LA VIDA ES LA MATERIA PRIMA
Y TÚ EL ARTISTA QUE HA DE MODELARLA,
DE TRANSFORMARLA.
NADIE MÁS LO HARÁ POR TI.

La vida puede ser una aventura excitante, y ciertamente lo será si tú te decides a vivirla como tal. La vida es la materia prima y tú el artista que ha de modelarla, de transformarla. Nadie más lo hará por ti, y si alguien lo hiciera, estaría robando a tu alma. Has de partir de la base de que nadie puede (ni debe) vivir por ti. Nadie tiene tampoco derecho a decirte cómo has de vivir. Te pueden aconsejar, sugerir, proponer o inspirar, pero sólo tú eres responsable de tus actos y de tu destino. Si te dejas influir por los miedos y las creencias de los demás, si les echas a ellos las culpas de tus propias equivocaciones, nunca aprenderás y tu vida no será sino una sucesión de fracasos, de aburrimiento, de sinsentidos.

Nada es tan difícil para mucha gente como encontrarle sentido a su vida. El sentido de la vida, como dijo Erich Fromm «no es más que el acto de vivir en uno mismo». Para Viktor Frankl consiste «en hallar un propósito».

El sentido de cada vida es distinto pues varía según las personas. Ésta es la razón por la cual cada uno de nosotros ha de hacer su propio trabajo.

La puerta a una vida llena de sentido está dentro de ti, pero tú debes abrirla. Nadie lo hará por ti.

¡Atrévete! ¡Atreverse es Yorokobu!

LA PUERTA A UNA VIDA
LLENA DE SENTIDO
ESTÁ DENTRO DE TI,
PERO TÚ DEBES ABRIRLA.

ÍNDICE